KB202999

틱낫한의

사랑이란 무엇인가?

틱낫한의

사랑이란 무엇인가?

True Love
A Practice for Awakening the Heart

지은이 틱낫한(Thich Nhat Hanh)
옮긴이 김종만

발행처 열린서원
발행인 이명권
초판발행일 2020년 1월 6일

주 소 서울특별시 종로구 창덕궁길 117, 102호
전 화 010-2128-1215
팩 스 02) 6499-2363
전자우편 imkkorea@hanmail.net
등록번호 제300-2015-130호

값 8,000원
ISBN 979-11-89186-03-6 03220

틱낫한의

사랑이란 무엇인가?

틱낫한 지음
김종만 옮김

열림서원

차 례

1장 네 종류의 사랑

불교에는 네 가지의 진정한 사랑이 있습니다. 첫째는 '마이트리'maitri입니다. 이 말은 '자애로움'으로 바꿀 수 있습니다. 자애로움은 누군가를 행복하게 하고 사랑하는 사람에게 기쁨을 주고 싶은 마음이고, 사랑하는 사람에게 기쁨과 행복을 줄 수 있는 능력입니다. 왜냐하면 사랑하는 사람에 대한 우리의 마음이 자칫 그 사람에게 고통을 줄 수 있기 때문입니다.

사랑을 잘 하기 위해서는 훈련이 필요합니다. 우리는 사랑하는 사람에게 행복과 기쁨을 주기 위해서 깊이 들여다보는 수행을 해야만 합니다. 왜냐하면 사랑하는 사람을 잘 이해하지 못하면 제대로 된 사랑을 할 수 없기 때문입니다. 이해는 사랑의 본질입니다. 이해하지 못하면 사랑 할 수가 없습니다. 이것이 붓다가

전하는 메시지입니다. 예를 들어, 남편이 아내의 가장 깊은 아픔과 열망, 그리고 고통을 이해하지 못하면 아내를 제대로 사랑할 수 없습니다. 이해가 없으면 사랑은 불가능합니다.

사람을 이해하기 위해서는 무엇을 해야 할까요? 시간을 내어 사랑하는 사람을 깊이 들여다보는 수행을 해야 합니다. 그리고 세심하게 그곳에 함께 있어야 하고 관찰하고 깊이 들여다 보아야합니다. 깊이 들여다봄으로써 생기는 열매는 다름 아닌 이해입니다. 사랑은 이해라고 불리는 실체가 있을 때 진정한 것이 됩니다.

진정한 사랑의 두 번째 요소는 '카루나'[1] karuna, 자비입니다. 자비는 타인의 고통을 줄여주고 싶은 마음이자, 그렇게 할 수 있는 능력입니다. 우리는 사랑하는 사람이 자신의 고통이 무엇인지를 충분히 이해하고 변화되도록 도움을 주기 위해 깊이 들여다보는 수행을 해야만 합니다. 지혜와 이해는 언제나 수행의 뿌리입니다. 이해의 수행은 명상 수행입니다. 명상은 사물의 핵심을 깊이 들여다보는 것입니다.

진정한 사랑의 세 번째 요소는 '무디타'$^{mudita, 기쁨}$입니다. 기쁨이 없는 사랑은 진정한 사랑이 아닙니다. 우리가 항상 고통당하고, 눈물을 흘리고, 우리가 사랑하는 사람을 울게 만들면 그것은 진실 된 사랑이 아닙니다. 그것은 오히려 사랑이 아니라 미움입니다. 사랑 속에 기쁨이 없다면 확실히 진정한 사랑이 아닙니다.

진정한 사랑의 네 번째 요소는 '우페크샤'^{upeksha,} [2)] 즉 '평정' 혹은 '자유'입니다. 진정한 사랑은 자유가 있습니다. 우리가 사랑을 하면 사랑하는 사람에게 자유를 줄 수 있습니다. 사랑하는 사람에게 자유를 줄 수 없다면 그것은 진정한 사랑이 아닙니다. 사랑하는 사람이 안에서든 밖에서든 자유를 느낄 수 있도록 사랑해야 합니다. "여보 당신 마음속에는 자유를 느낄 수 있는 충분한 자리가 있어?" 이것은 사랑이 허상이 아니라 실재적인 것인지를 시험해보는 지성적 질문입니다.

2장 사랑은 함께 하는 것

불교에서 말하는 사랑은 거기에 있는 것입니다. 그러나 거기에 있는 것은 쉽지 않습니다. 약간의 훈련과 실천이 필요합니다. 우리가 거기에 있지 않으면 어떻게 사랑할 수 있을까요? 거기에 있는 것은 대단한 기술, 즉 명상의 기술입니다. 왜냐하면 명상은 지금 여기에 있게 해주기 때문입니다. 그러면 "사랑할 시간이 있어?"라는 질문을 할 수 있습니다.

나는 12살 소년을 알고 있습니다. 하루는 그 소년의 아버지가 물었습니다. "아들아 생일 선물로 무엇을 갖고 싶어?" 소년은 아버지의 물음에 어떻게 대답해야 할지 몰랐습니다. 아버지는 매우 부유해서 자신을 위해 모든 것을 사 줄 수 있는데도 말입니다. 그러나 소년은 아버지가 자기와 함께 있는 것 외에는 어떤 것도 원하지 않았습니다. 아버지는 항상 바빴기 때문에 아내와 자녀들에게 쏟을 시간이 부족했습니다. 부자가 된다는 것은 사랑에 걸림돌이 됩니다. 왜냐하면 부유하면 그 부(富)를 계속 유지하기를 원하고 그러면 자기의 모든 시간과 에너지를 부유함을 유지하는데 사용하기 때문입니다. 그 소년의 아버지가 진정한 사랑이 무엇인지를 알았더라면 아내와 아들을 위한 시간을 내기 위해 필요한 무슨 일이든 했을 것입니다.

사랑하는 사람을 위해 줄 수 있는 가장 귀한 선물은 진정으로 함께 하는 것입니다. 진실로 거기에 있기 위해서는 무엇을 해야 할까요? 불교 명상을 수행한 분들은 무엇보다도 명상이 자기 자신과 사랑하는 사람들, 그리고 삶과 진정으로 함께 하는 것임을 알고 있습니다.

그래서 저는 여러분들에게 아주 단순한 수행 한 가지를 제안할까 합니다. 그것은 깨어있는 마음호흡 수행입니다. "숨을 쉬면서, 나는 숨을 들이쉰다는 것을 알고 있다. 숨을 쉬면서, 나는 숨을 내쉰다는 것을 알고 있다." 만일 여러분들이 조금 더 집중하여 깨어있는 마음 호흡을 한다면, 참으로 거기에 있을 수 있습니다. 왜냐하면 우리는 일상에서는 몸과 마음이 거의 함께 하지 못하기 때문입니다. 우리의 몸이 저기에 있으면, 마음은 다른 곳에 있습니다. 아마 여러분들은 과거에 대한 후회나 미래에 대한 걱정으로 자신을 잃어버렸을 것입니다. 아니면 앞으로의 계획이나, 분노, 시기에 사로잡혀 있을 수도 있습니다. 그래서 우리들의 마음이 진정으로 몸과 함께 거기에 있지 못하는 것입니다.

마음과 몸 사이에는 다리 역할을 하는 무언가가 있습니다. 깨어있는 마음 호흡을 시작하자마자, 여러분들의 몸과 마음은 하나가 되기 시작합니다. 10초에서 12초 정도면 몸과 마음이 하나가 되는 기적을 이룰 수 있습니다. 깨어있는 마음 호흡으로 지금 이 순간에 몸과 마음을 하나로 만들 수 있습니다. 이것은 여러분 모두 뿐만 아니라, 심지어 어린아이도 할 수 있습니다.

붓다는 우리에게 아주 중요한 경전을 남겨 주셨습니다. 그것은 깨어있는 마음 호흡 수행에 관한 이야기인 《안반수의경》 Anapanasati Sutta[3] 입니다. 진정한 불교 명상을 실천하고 싶으면 반드시 이 경전을 공부해야 합니다.

앞서 얘기한 그 아이의 아버지가 이것을 알았더라면 깨어있는 마음 호흡 수행을 했을 것입니다. 그리고 잠시 후, 아들에게 다가가 미소를 짓고 바라보며 "사랑하는 아들아, 나는 너를 위해 여기에 있단다."라고 말했을 것입니다. 이 말은 여러분들이 사랑하는 사람에게 해 줄 수 있는 가장 큰 선물입니다.

불교에서는 만트라 mantra[4] 에 관해서 이야기합니다. 만트라는 한번 내뱉고 나면 우리의 마음과 몸, 인격 그리고 상황을 완전히 바꿀 수 있는 요술과도 같은 공식입니다. 그러나 만트라는 집중된 상태, 즉 몸과 마음이 완전히 일치된 상태에서 읊어야 합니다. 이런 상태에서 읊어야 만트라가 됩니다.

그래서 나는 여러분들에게 매우 효과적인 만트라를 제안하고 싶습니다. 그것은 산스크리트어나 티베트어가 아니라 영어로 된 "나는 당신을 위해 여기 있습니다."라는 만트라 입니다. 오늘밤 여러분들은 몸과 마음을 하나로 결합하기 위해 깨어있는 마음 호흡을 몇 분간 해보는 것도 좋습니다. 여러분들은 사랑하는 사람에게 다가가 깨어있는 마음 호흡과 집중으로 그들의 눈을 바라보고 "나는 진심으로 너를 위해 여기에 있어."라고 말해 보시길 바랍니다. 몸과 마음이 하나가 된 채 동시에 말해야 합니다. 그러면 변화를 목격하게 될 것입니다.

여러분들은 사랑할 시간이 충분히 있습니까? 우리는 일상에서 사랑할 시간이 조금이라도 있다고 확신합니까? 우리는 너무 바빠서 사랑할 시간이 거의 없습니다. 우리는 아침 식사를 하면서 사랑하는 사람을 보지 않고 다른 일들을 생각하면서 매우 급하게 식사를 합니다. 때로는 사랑하는 사람의 얼굴을 신문으로 가리고 식사를 하기도 합니다. 저녁이 되어 집으로 돌아오면, 너무 피곤해서 사랑하는 사람의 얼굴을 잘 보지 못합니다. 우리는 일상에서 혁명을 일으키지 않으면 안 됩니다. 왜냐하면 우리의 행복과 삶은 우리 안에 있기 때문입니다.

3장 타인이 있음을 알아차리기

이제 두 번째 만트라를 제안하고 싶습니다. 우리는 진정으로 거기에 있으면, 타인이 있다는 것을 알 수 있습니다. 거기에 있다는 것은 첫 번째 단계이고, 타인이 있다는 것을 아는 것은 두 번째 단계입니다. 사랑하는 것은 인식하는 것이고, 사랑받는 것은 타인에 의해 인식되는 것입니다. 우리가 누군가를 사랑할 때, 사랑하는 그 사람이 있다는 사실을 계속 무시하면 그것은 진정한 사랑이 아닙니다. 우리의 의도는 그 사람을 무시하는 것이 아니라고 해도 행동이나 표정, 말투로 타인의 존재를 인식하고 싶지 않다는 것을 나타낼 수도 있습니다. 우리는 사랑받을 때, 우리가 거기에 있다는 사실을 그 사람이 알아주기를 원합니다. 이것은 매우 중요한 수행입니다. 여러분들은 이것을 위해 필요한 무엇이든 해야만 합니다. 하루에 몇 번씩이라도 사랑하는 사람이 있다는 사실을 알아차리기 바랍니다.

이것을 이루기 위해서는 역시 몸과 마음이 하나 되는 수행이 필요합니다. 숨을 들이쉬고 내쉬기를 세 번씩, 다섯 번씩, 일곱 번씩 반복하십시오. 그리고 나서 사랑하는 사람에게 다가가 미소를 띠고 바라보면서 "나는 당신이 여기 있다는 것을 알고 있습니다. 그래서 매우 행복합니다."라고 두 번째 만트라를 읊어 보십시오. 이런 식으로 집중과 깨어있는 마음으로 수행을 하면 사랑하는 사람이 꽃처럼 즉시 활짝 피어날 것입니다. 사랑받는 것은 인식되는 것입니다. 우리는 하루에 몇 번씩 이렇게 할 수 있습니다. 이것은 전혀 어렵지 않습니다. 진정한 명상은 바로 이것입니다.

깨어있는 마음으로 하는 모든 일은 명상입니다. 우리는 꽃을 만질 때 손가락으로 만집니다. 그러나 꽃을 단순히 손가락으로만 만지는 것이 아니라 깨어있는 마음, 즉 완전한 알아차림으로 만지는 것이 더 좋습니다. "숨을 내쉬면서 꽃이 거기에 있다는 것을 압니다. 숨을 내쉬면서, 꽃에게 미소를 보냅니다." 이런 식으로 수행하는 동안 우리는 실제로 거기에 있게 되고 동시에 꽃도 진짜로 거기에 있게 됩니다. 우리가 거기에 있지 않으면 아무것도 거기에 있을 수 없습니다. 해가 지는 것과 보름달은 경이로운 것입니다. 그러나 우리가 실제로 거기에 있지 않으면 석양은 우리를 위해 존재하는 것이 아닙니다. 나는 때때로 보름달을 보면서 숨을 깊이 들이마시고 내쉬면서 "보름달아, 나는 네가 거기에 있다는 것을 안단다. 너 때문에 매우 기뻐!"라고 수행합니다. 나는 보름달과 벚꽃 뿐 만 아니라 다른 많은 것들과 함께 이런 수행을 합니다. 우리는 기적으로 둘러싸여 있습니다. 그러나 그 기적들을 알아차리지 않으면 안 됩니다. 우리가 기적으로 둘러싸여 있다는 사실을 모르면 삶이 존재하지 않습니다.

붓다는 우리에게 이렇게 말했습니다. "과거는 더 이상 거기에 존재하지 않는다. 미래 역시 아직 여기에 존재하지 않는다. 삶이 가능한 유일한 순간은 지금 이 순간이다." 명상은 몸과 마음을 지금 이 순간으로 되돌리는 것입니다. 그러면 우리는 삶을 놓치지 않습니다.

카뮈$^{Albert Camus}$의 소설 「이방인」 (The Stranger)에는 사형선고를 받은 메우르사울트^{Meursault}가 등장합니다. 형을 집행하기 3일 전, 메우르사울트는 살면서 처음으로 푸른 하늘과 접촉합니다. 그는 감옥에서 천장을 올려다보고 있던 중 천장에 난 채광창을 통해 나타난 네모난 모양의 푸른 하늘을 발견합니다. 이상한 것은 마흔 살이 된 그가 푸른 하늘을 처음 봤다는 사실입니다. 물론 그는 별들과 푸른 하늘을 여러 번 보았을 것입니다. 그러나 이번에 본 것은 예전과 달랐습니다. 그것은 실재^{real}였습니다. 우리는 그렇게 심오한 방식으로 푸른 하늘과 접촉하는 법을 알지 못합니다. 카뮈가 발견한 알아차림의 순간이 '깨어있는 마음'^{mindfulness}입니다. 우리는 갑자기 생명을 만질 수 있습니다.

불교에는 삶과 깊이 접촉할 수 있도록 도움을 주는 에너지가 있습니다. 그 에너지는 스므르티^{smrti}, 즉 깨어있는 마음 에너지입니다. 모든 사람들은 이 에너지의 씨앗^{bija}을 가지고 있습니다. 우리가 깨어있는 마음으로 숨을 쉰다면 이 에너지를 만들 수 있습니다.

숨을 들이마실 때, 들숨의 순간을 인식합니다. 숨을 내쉴 때, 날숨의 사실을 알아차립니다. 지금 이 순간 거기에 있음을 알아차리는 것은 집중^{attention}입니다. 집중은 깨어있는 마음 에너지입니다. 이러한 만트라로 사랑하는 사람이 있다는 것을 인식하는 수행을 하면 됩니다. "나는 당신이 거기에 있다는 걸 알아. 그래서 매우 행복해."

이것이 진정한 명상입니다. 이러한 특별한 명상 속에 붓다가 말씀하신 진정한 사랑의 네 가지 요소인 사랑, 자비, 기쁨, 자유가 있습니다.

4장 고통 받는 사람과 함께 있기

세 번째 만트라는 우리가 사랑하는 사람이 고통 받고 있는 상황에서 사용되는 것입니다. 깨어있는 마음으로 살아가면 지금 이 순간 무슨 일이 일어나고 있는지를 알 수 있습니다. 이때 우리는 사랑하는 사람이 고통 받고 있는 순간을 쉽게 알아차립니다. 그때 우리는 몸과 마음이 하나가 되어, 즉 집중하여 그들에게 다가갑니다. 그리고 세 번째 만트라를 읊조립니다. "나는 네가 고통 받고 있다는 걸 알아. 그래서 내가 여기 있는 거야." 이렇게 말하는 이유는 괴로울 때 사랑하는 사람이 함께 있어 주기를 바라는 간절한 마음 때문입니다. 괴로울 때, 사랑하는 사람이 무시하면 더 큰 고통을 받습니다. 그때 우리가 당장 할 수 있는 일은 사랑하는 사람에게 진정으로 함께 하고 있다는 것을 보여주고 진심을 다해 깨어있는 마음으로 "나는 네가 고통을 받고 있다는 걸 알아. 그래서 내가 여기 있는 거야."라고 말하는 것입니다. 그러면 사랑하는 사람은 우리가 도와주려고 무언가를 하기도 전에 고통이 줄어듭니다. 우리가 있다는 것 자체가 기적이고, 사랑하는 사람의 아픔을 이해하는 것 자체가 기적입니다. 여러분들은 사랑의 이런 측면을 그들에게 직접 전달할 수 있습니다.

여러분, 자기 자신을 위해, 삶을 위해, 그리고 여러분들이 사랑하는 사람들을 위해 진정으로 거기에 있을 수 있도록 노력하십시오. 여러분들과 같은 처지에 있는 사람들이 있다는 것을 인식하고 그들 중에 한사람이라도 고통받고 있다면 거기에 있을 수 있도록 노력하십시오. 왜냐하면 고통 받고 있는 사람에게는 여러분들이 함께 있다는 것이 너무나 소중하기 때문입니다. 이렇게 하면 여러분들은 하루 24시간 동안 사랑을 실천할 수 있습니다.

5장 자존심 극복하기

네 번째 만트라는 수행하기 더 어렵습니다. 그것은 여러분들이 스스로 고통 받고 있고 그 고통이 세상에서 가장 사랑하는 사람으로 인해 생겼다고 생각하기 때문입니다. 만일 여러분들과 관련이 없는 누군가가 고통을 주는 말이나 행동을 했다면 그 고통은 분명 크지 않을 것입니다. 그러나 나에게 말이나 행동으로 아픔을 준 사람이 내가 세상에서 가장 사랑하는 사람이라면 그 고통은 훨씬 더 클 수밖에 없습니다. 이럴 때 나의 상처는 더 깊어집니다. 왜냐하면 세상에서 가장 사랑하는 사람으로 인해 고통을 받았기 때문입니다.

그러면 방으로 가서 문을 닫고 울면서 혼자 있고 싶어 합니다. 그때는 가장 사랑하는 사람에게 가서 도움을 구하지 않습니다. 자존심이라는 장애물 때문입니다.

불교의 가르침에 따르면, 진실한 사랑에는 자존심이 설 자리가 없습니다. 여러분들이 고통 받고 있다면 그럴 때마다 고통을 준 사람에게 가서 도움을 구해야 합니다. 그것이 진정한 사랑입니다. 자존심 때문에 고통을 준 사람과 분리되어 거리를 두어서는 안 됩니다. 여러분들이 생각하기에 이 사람에 대한 여러분들의 사랑이 진정한 사랑이라면 자존심을 극복하고 항상 그들에게 다가가야 합니다.

이것이 제가 여러분들을 위해 네 번째 만트라를 만든 이유입니다. 가장 사랑하는 사람에게 가서 "나는 괴로워. 제발 도와줘."라고 말하기 전에 몸과 마음이 하나가 되도록 수행하십시오. 이것은 매우 단순하지만 실천하기 어렵습니다.

여러분들에게 베트남의 한 젊은이의 이야기를 들려 드리겠습니다. 그는 임신한 아내를 남겨두고 전쟁터로 떠났습니다. 그리고 2년 후에 집으로 돌아왔습니다. 아내는 어린 아들과 함께 남편을 만나러 갔습니다. 남편과 아내는 기뻐서 울었습니다. 베트남은 전쟁터에서 돌아오면 반드시 조상에게 알려야 하는 전통이 있습니다. 젊은이는 아내에게 시장에 가서 조상 제사에 올릴 물건을 사오라고 부탁합니다. 베트남의 모든 집에는 조상에게 올리는 제단이 있습니다. 베트남 사람들은 매일 아침 제단 위에 향을 하나씩 피워 조상에게 바칩니다. 그들은 이런 방식으로 조상들과 관계를 맺습니다. 그들에게는 제단의 향을 피우고, 조상의 사진이 있는 제단을 장식하고, 먼지를 터는 일이 매우 중요합니다. 바로 이때가 조상들과 접촉하는 순간이기 때문입니다. 그러나 세상에는 뿌리가 완전히 뽑힌 채 살아가는 사람들이 있습니다. 왜냐하면 그들은 베트남 사람들처럼 자신들의 조상을 위해 행동하지 않기 때문입니다.

젊은이의 아내는 베트남 전통에 따라 시장

에 간 것입니다. 아내가 시장에 간 사이 젊은
이는 어린 아들에게 '아버지'라고 불러보라고
합니다. 어린 아들은 아버지라고 부르길 거부
하면서 이렇게 말합니다. "아저씨는 우리
아빠가 아니에요. 아빠는 다른 사람이에요.
그는 매일 밤 집에 와서 엄마와 얘기를 나누
고 종종 함께 울어요. 그리고 엄마가 앉을 때
마다 그는 따라서 앉고 엄마가 누우면 따라서
누워요." 아들에게 이 얘기를 들은 후, 그 젊은
이의 행복은 완전히 사라졌습니다. 그의 마음은
얼음장 같이 차가워졌습니다. 그는 상처를 받
고 깊은 수치심을 느꼈습니다. 아내가 집으로
돌아오자, 그는 더 이상 아내를 보지 않고 한
마디도 하지 않았습니다. 젊은이는 아내를 무시
했습니다. 아내는 괴로워하기 시작했습니다.
그녀 역시 수치심을 느끼고 상처를 받았습니다.
제단 위에 제물이 놓이자, 젊은이는 향을 피우고
조상들에게 기도한 후 전통에 따라 네 번 절
했습니다. 그리고는 아내 역시 절 할 수 있게

매트를 내버려 둬야 하지만 젊은이는 매트를 치워 버렸습니다. 그는 자신의 아내가 조상들에게 절할 자격이 없다고 생각한 것입니다. 이로 인해 아내는 수치심을 느꼈습니다.

조상들에게 드리는 제사가 끝난 후, 그는 집에 있지 않고 낮 동안 마을의 술집에 머물렀습니다. 술을 마시면서 괴로움을 잊으려 한 것입니다. 그는 밤늦게까지 집으로 돌아오지 않았습니다. 다음날도, 그리고 연속해서 며칠 동안 집으로 돌아가지 않았습니다. 아내는 더 이상 견딜 수 없었습니다. 고통이 극에 달하자 결국 그녀는 강에 몸을 던졌습니다.

아내의 소식을 들은 젊은이는 집으로 돌아왔습니다. 그날 밤, 젊은이는 전등을 들고 불을 켰습니다. 그때 갑자기 아이가 외쳤습니다. "아저씨, 아저씨, 아빠에요. 아빠가 돌아왔어요." 아이는 벽에 비친 아빠의 그림자를 가리키며 "아저씨, 아빠가 매일 밤마다 와요. 엄마는 아빠에게 말을 걸어요. 그리고는 때론 울기도 해요. 엄마가 앉을 때마다 아빠도 따라서 앉아요."라고 말했습니다. 아내는 집에 너무 오랫동안 혼자 있었고 매일 밤 자신의 그림자를 향해 "여보, 당신은 너무 멀리 있군요. 나 혼자 어떻게 아이를 키우라고요?... 여보, 꼭 돌아와야 해요."라고 말했습니다. 그녀는 눈물을 흘렸고, 앉을 때마다 그림자도 따라 앉았던 것입니다. 그제서야 젊은이는 자신의 생각이 잘못됐다는 것을 알았습니다. 하지만 때는 너무 늦었습니다. 아내는 이미 이 세상 사람이 아니었습니다.

오해는 가족 전체를 파괴할 수 있습니다. 붓다는 사람들이 매일 매일 무명$^{misperceptions5)}$ 가운데 살고 있다고 여러 번 말했습니다. 그러므로 우리는 생각^{perceptions}에 세심한 주의를 기울여야 합니다. 사람들은 10년 혹은 20년 동안 무명 가운데 살면서 그 동안 계속해서 고통을 받기도 하고 다른 사람에게 고통을 주기도 합니다.

왜 그 젊은이는 이 일에 대해 아내와 상의를 하지 않았던 걸까요? 그들 사이에 자존심이 개입했기 때문입니다. 젊은이가 아내에게 "매일 밤 집에 온 사람이 누구야? 아이가 나에게 그 남자에 관해서 말했어. 여보, 나 너무 괴로워. 도와줘, 이 사람이 누군지 말해줘."라고 했더라면 아내는 설명할 기회가 있었을 테고, 그랬다면 이런 비극은 일어나지 않았을 것입니다. 하지만 그것은 젊은이의 잘못뿐만 아니라 아내의 잘못도 있습니다. 아내가 남편에게 다가가 "여보, 왜 이제 나를 보지도 않고, 말도 하지 않아? 내가 그런 취급을 받을 만큼 끔찍한 짓을 했어? 여보, 나 너무 괴로워. 도와줘."라고 남편에게 태도가 변한 이유를 물었을 수도 있었습니다.

하지만 그녀는 묻지 않았습니다. 여러분들은 똑같은 실수를 반복하지 않기를 바랍니다. 우리는 매일 무명 가운데 살아가고 있습니다. 그렇기 때문에 주의를 기울이지 않으면 안 됩니다. 고통을 주는 누군가를 생각할 때마다 이 이야기를 기억하셔야 합니다. 그리고 그들에게 다가가 "나 정말 괴로워, 제발 나를 도와 줘"라고 항상 요구할 수 있기를 바랍니다.

6장 깊이 듣기

나는 여러분들에게 진정한 사랑의 수행을 위
한 네 번째 만트라를 전해드렸습니다. 아시다시
피 말씀드린 만트라는 어렵지 않은 수행입니다.
여러분들은 만트라를 암송해야 합니다. 그리고 용
기와 지혜, 즐거움을 가지고 수행을 해야 합니다.

우리는 매우 어려운 상황에 처하면 무엇을
할 수 있을까요? 사랑으로 인해 두 사람 사이에
큰 고통이 초래된다면 어떻게 해야 할까요?
겉으로 보기에 두 사람은 여전히 함께 살고
있고 같이 사는 것이 즐거운 것처럼 행동합니
다. 그러나 실제로 두 사람 사이에는 더 이상
기쁨도, 행복도, 그리고 심지어는 교류도 없
습니다. 우리들은 듣고 말하는 능력을 상실했
습니다. 교류는 어렵게 되었고 사실상 불가능해
졌습니다. 이런 상황에서 우리는 무엇을 할

수 있을까요? 우리는 함께 살아왔지만 서로에게 고통을 주고 있었습니다.

불교에는 우리 가운데 있는 고통의 등불, 즉 상요자나samyojana[6)]가 있습니다. 그것은 "정신 작용"internal formations으로 바꿀 수 있습니다. 여러분들이 누군가에게 고통을 주는 말을 하면 그 사람은 정신 작용이 발달합니다. 그 사람이 불교 수행을 한 사람이면 그 매듭을 푸는 방법을 알겠지만 수행을 하지 않은 사람이면 의식의 심층 가운데 그 매듭을 간직할 것입니다. 여러분들이 깨어있는 마음 수행을 한 사람이면 사랑하는 사람에게 매듭이 생겼다는 사실을 알게 되고 그것을 푸는 방법 또한 알 것입니다.

우리는 매일 말과 행동을 통해 사랑하는 사람에게 "정신 작용"을 남깁니다. 이후, 그 사람은 고통과 괴로움이 자라게 되고 결국 언제 폭발할지 모르는 폭탄처럼 됩니다. 우리는 몇 마디의 말로도 그 사람의 분노를 촉발할 수 있습니다. 그러면 그 사람에게 다가가 말을 걸기가 두려워 집니다. 왜냐하면 그 사람은 많은 고통을 품고 있는 폭탄이 되었기 때문입니다. 여러분들이 그들을 멀리하면 그들은 자신을 경멸한다고 생각하고 더 심한 고통을 받습니다. 그렇게 되면 여러분들 또한 폭탄이 됩니다. 왜냐하면 평화와 이해로 말할 수 있는 능력을 잃어버렸기 때문입니다. 그 결과, 듣는 능력을 상실하고 모든 의사소통이 불가능해집니다.

불교에는 관세음보살$^{\text{Avalokiteshvara7)}}$ 이라는 보살이 있습니다. 관세음보살은 타인의 고통을 듣고 이해하는 능력을 가지고 있습니다. 우리는 듣는 법을 배우기 위해서 관세음보살을 부릅니다.

명상은 일상에서 깊이 듣고, 주의 깊게 듣는 것입니다. 우리가 깨어있는 마음 호흡 수행을 알고, 우리 가운데 고요하고 살아있는 자비를 계속 이어 나가기를 원하면 깊이 듣는 것이 가능해집니다.

우리는 걷기 명상 수행과 앉기 명상, 깨어

있는 마음 호흡으로 고요함과 깨어있음, 그리고 자비를 배양할 수 있습니다. 그것으로 우리는 거기에 앉아 타인의 소리에 귀 기울일 수 있습니다. 타인이 자신의 소리에 귀 기울일 누군가가 필요하다는 것은 고통 받고 있다는 것입니다. 바로 여러분들이 그 사람에게 귀 기울일 수 있는 사람입니다. 누군가가 심리치료사를 의지한다면 그 사람의 집에 자신의 말을 들어 줄 사람이 없기 때문입니다. 심리치료사는 거기에 앉아 진정으로 들을 수 있어야 합니다. 그러나 제가 알기로, 심리치료사들은 그들 스스로 많은 고통을 겪고 있어서 환자의 소리에 진심으로 귀를 기울일 수 없는 사람들입니다.

여러분들이 누군가를 사랑한다면 듣는 훈련을 해야 합니다. 고요함과 이해로 듣는다면 타인의 고통을 완화할 수 있습니다. 고요함과 이해로 한 시간만 깊이 들으면 타인의 고통은 이미 상당히 해소됩니다. 우리의 수행 공동체인 자두 마을Plum Village에서 깊게 듣는 수행은 매우 중요합니다. 우리는 매주 한두 번씩 전체가 모여 서로 깊게 듣는 수행을 합니다. 들으면서 한 마디도 하지 않습니다. 우리는 마음을 열어 깊게 호흡하고 타인의 소리를 진심으로 듣습니다. 이런 방식으로 한 시간만 들어도 매우 효과가 큽니다. 그것은 여러분들이 사랑하는 사람에게 줄 수 있는 매우 소중한 것입니다.

7장 다시 사랑으로 말하는 법 배우기

깊이 듣는 수행은 사랑으로 말하는 수행과 관련이 있습니다. 우리는 사랑으로 다시 말하는 법을 배워야 합니다. 이 일은 형제, 자매들이 매일 사랑의 말로 실천하는 수행 공동체에서 할 수 있습니다. 평화주의자들은 심한 비난에 대하여 항의 편지는 쓸 수 있어도 사랑의 편지를 쓰지는 못합니다. 여러분들은 다른 사람이 읽고 듣기에 거북하지 않게 쓰거나 말을 해야 합니다. 그렇지 않으면 쓰거나 말할 가치가 없습니다. 그렇게 쓰는 것이 명상을 수행하는 것입니다.

나는 수행을 위해 자두 마을을 찾은 한 미국인 청년을 기억합니다. 어느 날, 그는 엄마에게 편지를 쓰라고 권유받았습니다. 엄마에게 편지 쓰는 일은 어렵지 않았습니다. 그러나 그 청년이 아버지에게 편지를 쓰는 일은 불가능했습니다. 아버지는 이미 돌아가셨지만 아버지를 생각할 때 마다 그는 여전히 괴로워했기 때문입니다. 그에게는 아버지에게 편지를 쓰기 위해 펜을 든다는 것 자체가 엄청난 고통이었습니다.

나는 그 청년에게 한 가지 수행을 제안했고 그는 일주일 동안 깨어있는 마음 호흡 수행을 했습니다. 그러면서 스스로에게 말했습니다. "숨을 들이쉬면서, 다섯 살 때의 나를 봅니다."라고 말입니다. 다섯 살 어린 소년은 매우 연약하고 상처받기가 쉽습니다. 그는 숨을 들이쉬면서, 자신을 자비의 대상으로 생각했습니다. 또 일주일 간 그는 아버지에 대해 명상했습니다. "숨을 들이쉬면서 나는 아버지의 다섯 살 때를 봅니다. 숨을 내쉬면서 나는 어린 소년이었던 아버지에게 미소를 보냅니다."

2주 내내 청년은 매우 성실하고 열정적으로 수행을 했습니다. 그는 탁자 위에 아버지 사진을 놓아두었습니다. 그러면서 방으로 들어

가서 아버지 사진을 볼 때마다 깨어있는 마음 호흡 수행을 했습니다. 지금까지 그는 결코 다섯 살 된 어린 아이의 모습을 한 아버지를 상상하지 못하다가 갑자기 어린 아이의 모습을 한 아버지의 존재를 알아차렸습니다. 그리고 처음으로 아이의 모습으로 괴로워하고 있는 아버지를 보게 되었습니다. 마침내 어느 날 밤, 그는 처음으로 아버지에게 편지를 썼습니다. 수행으로 그는 완전히 다른 사람이 되었고 마음에 평화를 얻었습니다.

명상은 우리의 고통과 기쁨의 본질을 깊이 들여다보는 수행입니다. 우리는 깨어있는 마음 에너지와, 고통의 본질을 깊이 들여다보는 집중을 통하여 고통의 원인을 깊이 관찰할 수 있습니다. 깨어있는 마음과 집중을 잘 유지하면서 깊이 들여다보면 고통의 참된 본성이 드러납니다. 고통의 본질을 지속적으로 깊이 관찰한 결과, 우리는 자유를 누리게 됩니다. 명상은 견고함과 자유, 고요함, 기쁨이라는 열매를 맺습니다.

8장 우리 안에 있는 평화 회복하기

하루 동안 걷기 명상을 하면, 걸을 때마다 현재의 순간에 이르게 됩니다. 우리의 모든 발걸음은 아름답고 진실한 것을 만나게 해줍니다. 이런 방법으로 몇 주간 수행하면 기쁨이 현실이 되고 우리 속에 있는 많은 매듭이 풀립니다. 그러면 우리는 부정적인 에너지를 기쁨과 평화로 바꿀 수 있습니다. 붓다는 "너의 수행의 대상은 우선 너희 자신이 되어야 한다. 타인을 위한 사랑과 타인을 사랑할 수 있는 능력은 자신을 사랑할 수 있는 능력에 달려 있다."고 했습니다. 여러분들이 자기 자신을 돌보지 못하고 받아들일 수 없다면 어떻게 타인을 받아들이고 타인을 사랑할 수 있겠습니까? 변화되기 위해서는 자기 자신에게로 돌아가야 합니다.

우리 모두는 다섯 개의 강을 지닌 광활한 영토를 다스리는 왕입니다. 첫 번째 강은 우리의 몸our body입니다. 몸은 우리가 잘 알지 못합니다. 두 번째 강은 감각sensations입니다. 모든 감각은 감각의 강에 있는 한 방울의 물입니다. 거기에는 유쾌한 감각, 불쾌한 감각, 중립적인 감각이 있습니다. 명상은 감각의 강둑에 앉아 감각이 일어날 때마다 각각의 감각을 확인하는 것입니다. 세 번째 강은 지각perceptions입니다. 그것은 관찰할 필요가 있습니다. 우리는 이해하기 위해서 지각의 본질을 깊이 들여다보아야 합니다. 네 번째 강은 정신작용mental formations입니다. 정신작용에는 51가지가 있습니다.[8] 마지막으로 다섯 번째 강은 의식consciousness입니다.

우리는 매우 넓은 영토를 가지고 있지만 책임 있는 왕과 왕비는 아닙니다. 우리는 항상 회피하고 우리의 영토를 제대로 감시하지 않습니다. 우리는 그 영토 속에 큰 갈등과 고통과 괴로움이 있다고 느낍니다. 우리는 그것

때문에 우리의 영토로 돌아가기를 주저하고 매일 도망칩니다. 짧은 자유 시간이 주어지면 TV를 보거나 잡지를 보면서 우리의 영토로 돌아가지 않으려고 합니다. 우리는 우리 안에 있는 고통과 전쟁과 갈등을 두려워합니다.

명상 수행인 깨어있는 마음 수행은 평화와 조화를 회복하기 위해 우리 자신에게로 돌아가는 것입니다. 이것을 가능하게 하는 에너지는 깨어있는 마음 에너지입니다. 깨어있는 마음은 일종의 에너지로서 집중과 이해, 사랑을 가져다줍니다. 우리가 자신에게로 돌아가 평화와 조화를 되찾는다면 한층 더 쉽게 남을 도울 수 있습니다.

누군가를 돕는 기본적인 조건은 자신을 돌보고, 우리 자신 속에 있는 평화를 회복하는 일입니다. 그러면 그 사람은 폭탄이 되는 것을 멈출 수 있습니다. 폭탄은 우리 자신과 다른 이들의 고통의 근원입니다. 또한 여러분들은 진심으로 폭탄이 제거되도록 도와야 합니다.

우리가 남을 돕기 위해서는 조금의 고요함과
기쁨과 자비를 가지면 됩니다. 이것은 일상의
깨어있는 마음에서 얻을 수 있습니다. 왜냐하면
깨어있는 마음은 단지 명상센터에서만 할 수
있는 것이 아니라 부엌에서도, 정원에서도,
전화를 하면서도, 운전 중에도, 설거지를 하
면서도 할 수 있기 때문입니다.

3주간 이런 식으로 깨어있는 마음 수행을
한다면 우리 안에 있는 고통을 변화시키고,
삶의 기쁨을 가져다주고 사랑하는 사람에게
도움을 줄 수 있는 자비의 에너지를 충분히
키울 수 있습니다. 우리가 매일 해야만 하는
중요한 일은 아름다움과 치료가 거기에 있도
록 수행하는 일입니다. 이것은 일상생활에서
가능합니다.

9장 깨어있는 마음 에너지

명상은 '이해'라는 열매를 맺습니다. 실재의 본질을 깊이 들여다보는 수행을 하면 우리는 도움과 이해를 받고, 우리를 자유롭게 하는 지혜도 받습니다. 여러분에게 깊은 아픔이 있다면 명상을 하십시오.

명상은 도망치거나 아픔을 무시하는 것이 아닙니다. 오히려 아픔을 마주 대하는 것입니다. 여러분들은 아픔의 실상을 깊이 들여다보는 수행을 해야만 합니다. 왜냐하면 우리 불자들은 기쁨이면서 또한 괴로움이고, 이해이면서 동시에 무지이기 때문입니다. 명상은 우리 자신을 한쪽이 다른 쪽과 다투고 선과 악이 다투는 전투장으로 만드는 것이 아닙니다. 이것은 불교의 명상법이 아닙니다. 불교 명상은 비이원론nonduality의 원칙에 근거합니다. 이것은 우리가 깨어있는 마음이거나 사랑이면서 동시에 무지이고, 또한 고통이며 그래서 어떤 것도 억누를 이유가 없다는 것을 의미합니다.

분노의 씨앗이 우리의 직접적인 인식인 의식의 차원에 나타나면, 그것은 분노의 씨앗이 우리의 의식 깊은 곳에 자리 잡고 있기 때문입니다. 그러면 우리는 고통 받기 시작합니다. 우리의 직접적인 인식인 의식은 거실과도 같은 것입니다. 명상가들이 하는 일은 의식의 차원에 있는 분노의 에너지를 쫓아버리거나 억누르는 것이 아니라 다른 에너지를 초대해서 분노의 에너지를 보살펴 주는 것입니다.

우리는 깨어있는 마음 호흡법을 사용하여 다른 에너지의 씨앗을 자라게 할 수 있습니다. 그때 그것은 에너지의 형태로 나타납니다. 그리고 이 에너지는 엄마가 아기를 품에 안 듯이 여러분들의 분노의 에너지를 품을 것입니다. 그때는 단지 부드러움만 있습니다. 다툼도 없고 고통에 대한 차별도 없습니다. 깨어있는 마음 호흡 수행을 하는 목적은 깨어있는 마음이라 불리는 이 귀중한 에너지를 탄생시키고 살아 있도록 도와주는데 있습니다.

우리는 이미 우리 자신을 비추는 이 에너지에 관해 말했습니다. 깨어있는 마음은 빛과 같아서 거기에 진정으로 집중하게 하고 우리로 하여금 사물의 핵심을 깊이 들여다보게 해줍니다. 이렇게 깊이 들여다보는데서 깊은 관찰 vision과 이해가 태어납니다. 깨어있는 마음은 집중과 이해, 사랑과 자유를 가져다줍니다.

여러분들이 그리스도인이라면 우리가 말하는 이 에너지가 하느님이 주신 성령Holy Spirit이라고 말할 수 있습니다. 이 에너지가 있는 곳에는 집중, 이해, 사랑, 자비, 그리고 치료의 힘이 있습니다. 예수는 이 에너지를 구체적으로 드러냈습니다. 예수는 그가 만지는 사람 모두를 낫게 했습니다. 사람들을 만질 때, 예수는 성령의 에너지로 만졌습니다. 치료의 힘은 예수의 옷을 만질 때가 아니라 자비와 사랑의 에너지로 사람을 만질 때, 치료가 일어납니다.

불교에서는 깨어있는 마음이 붓다의 에너지입니다. 깨어있는 마음의 씨앗은 우리 가운데 있는 아기 붓다입니다. 이 귀중한 씨앗은 고통과 무지의 층들layers 아래 아주 깊게 묻혀 있습니다. 우리 모두는 깨어있는 마음 씨앗을 찾고 만지기 시작함으로써 이 귀중한 씨앗이 우리 가운데 있다는 사실을 알게 됩니다.

물을 마실 때, 물을 마시고 있다는 사실을 인식하면 깨어있는 마음은 거기에 있습니다. 깨어있는 마음은 지금 이 순간 무엇이 일어나고 있는지를 우리에게 알게 해 주는 에너지입니다.

숨을 들이쉬고, 숨을 들이쉬고 있다는 사실을 안다면, 깨어있는 마음이 거기에 있는 것입니다. 깨어있는 마음은 언제나 무언가에 대해 깨어있는 것입니다. 화날 때, 화난 사실을 안다면 깨어있는 마음이 거기에 있습니다. 분노는 하나의 에너지이고, 깨어있는 마음은 다른 에너지입니다. 깨어있는 마음 에너지는 엄마가 아기를 돌보는 것처럼 분노의 에너지를 돌보기 위해서 일어납니다.

10장 우리의 아픔 돌보기

여러분! 질투와 두려움 같은 바꿔야 할 에너지가 생길 때마다, 이 부정적인 에너지가 여러분들을 망치기를 원하지 않는다면 이 에너지를 돌보기 위해 무언가를 하십시오. 깨어있는 마음의 씨앗을 만지십시오. 그러면 그 에너지의 모든 것이 고통을 부드럽게 감싸 안고 있는 엄마처럼 여러분들의 '거실'9)에 있게 될 것입니다. 여러분들은 이러한 깨어있는 마음 에너지로 고통과 감정에 대해 진정한 명상 수행을 하고 있는 것입니다. 여러분들이 5분이나 10분 정도 깨어있는 마음을 유지할 수 있으면, 즉시 어느 정도의 안정을 누릴 수 있습니다.

엄마는 아기의 울음소리를 들으면, 손에 들고 있던 모든 것을 내려놓고 방으로 달려가

아기를 안습니다. 아기는 엄마의 품에 안기자
마자, 지혜의 에너지가 뚫고 들어가기 시작합
니다. 엄마는 아기에게 무슨 일이 일어났는지
알지 못하지만 아기는 자신이 엄마에게 안겨
있다는 사실만으로도 안정을 누립니다. 아기
는 울음을 멈춥니다. 그리고 엄마는 계속해서
아기를 안고 부드러움의 에너지를 나누어 줍
니다. 그 동안 엄마는 아기를 깊이 바라봅니다.
엄마는 매우 뛰어난 재능을 가진 사람입니다.
2분에서 3분이면 아기에게 무슨 일이 있는지를
파악할 수 있습니다. 기저귀가 꽉 끼어있을
수도 있고 열이 날 수도 있습니다. 아니면 젖
병이 필요할 수도 있습니다. 엄마는 이해하는
즉시 상황을 바꿀 수 있습니다.

명상도 이와 같습니다. 고통이 생기면 맨
먼저 깨어있는 마음 에너지로 고통을 포용해야
합니다. "내 오래된 친구, 작은 분노야, 나는
네가 거기에 있다는 것을 알아. 나는 지금 너를
보살피고 있어."

이런 명상 수행은 앉아서도 걷거나 누워서도 할 수 있습니다. 그러나 깨어있는 마음이 엄마나 큰누나 같은 역할을 하기 위해서는 거기에 있어야 합니다. 이것을 지속하면 3분에서 4분 내로 깨어있는 마음이 거기에 있을 수 있습니다. 다음에 화가 나면, 자연스럽게 걷기 명상을 하십시오. 예를 들면 이렇습니다. 숨을 쉽니다. 그리고 오로지 호흡에만 집중합니다: "숨을 들이쉬면서, 나는 숨을 들이쉰다는 것을 안다. 숨을 내쉬면서 나는 숨을 내쉰다는 것을 안다." 1분에서 2분 후에 는 "숨을 들이쉬면서 나는 화났다는 것을 안다. 숨을 내쉬면서 화가 여전히 내 속에 있다는 것을 안다."로 수행하면 됩니다. 그렇게 십 분이 지나면 나아질 것입니다. 깨어있는 마음이 진정으로 거기에 있으면 확실히 좋아집니다. 깨어있는 마음을 잘 유지하면 집중할 수도, 깊게 볼 수도 있습니다. 여러분들은 분노의 참된 본질을 깊이 볼 수 있습니다. 우리는 이러한 발견, 이해, 지혜로 고통에서 해방될 수 있습니다.

불교의 선승들은 분노뿐만 아니라 절망이나 두려움과 연관된 수행을 습관적으로 행합니다. 우리는 깨어있는 마음 수행을 하는 동안 두려움에 대해 이렇게 명상할 수 있습니다. "나는 숨을 들이쉬면서 늙는다는 것이 자연스러운 것임을 알고 있다. 나는 숨을 내쉬면서 어떤 사람도 늙는다는 것을 피할 수 없다는 것을 알고 있다." 우리는 늙음과 죽음을 두려워합니다. "죽음은 자연스러운 것이다. 나는 어떤 사람도 죽음에서 벗어날 수 없다는 것을 안다." 붓다는 우리에게 이것을 가르쳐 주었습니다. 또한 그는 우리가 두려움의 씨앗들을 우리 내면의 깊은 곳에 파묻고 다닌다는 것을 알고 있습니다. 그러나 우리는 이 두려움이 나타나기를 원치 않습니다. 왜냐하면 두려움은 상처를 주기 때문입니다. 그래서 우리는 두려움을 억눌러 버립니다. 우리는 고통을 억누르고 부정적 에너지가 나타나지 못하게 우리의

"거실"에 다른 에너지를 초청합니다.

우리는 오랫동안 TV를 켜놓고, 소설을 읽고, 전화 통화를 합니다. 단지 우리의 "거실"에 고통이 나타나지 못하게 하려고 말입니다. 우리는 전복subversion의 정치, 즉 우리 속에 있는 부정적인 씨앗들에게 일종의 보이콧을 행합니다. 오랫동안 이렇게 하고 나면 우리의 몸은 순환이 잘 되지 않습니다. 몸속에서 피가 원활하게 돌지 않으면 두통과 같은 아픔을 겪습니다. 그래서 마사지를 받거나 약을 복용합니다. 왜냐하면 원활한 피의 순환은 건강에 필수적이기 때문입니다. 의식도 이와 같습니다. 우리가 억압의 정책을 수행하면, 우리의 정신 작용에 나쁜 흐름, 즉 두려움, 분노, 절망, 고통 등이 생깁니다. 그리고 우리의 의식에 위와 같은 것들이 원활해지지 않으면 스트레스와 우울증 같은 정신병 증세가 나타납니다.

우리는 이러한 보이콧 정책을 취해서는 안 됩니다. 반대로 고통이 빠져 나가도록 문을 활짝 열어놓아야 합니다. 우리는 이렇게 하기를 두려워하지만 불교는 우리에게 두려워하지 말라고 가르칩니다. 왜냐하면 우리는 아픔을 돌보는데 도움을 주는 에너지, 즉 깨어있는 마음 에너지를 이용할 수 있기 때문입니다.

우리가 날마다 깨어있는 마음 에너지를 경작하면, 아픔을 보살펴 줄 그 에너지를 충분히 가질 수 있습니다. 그러면 고통이 나타날 때 마다, 고통을 환영할 것입니다. 우리는 고통을 돌보기 위해 진정으로 거기에 있을 것입니다. 고통을 돌보기 위해 필요한 에너지는 깨어있는 마음 에너지라는 사실은 의심의 여지가 없습니다. "나는 너를 위해 여기에 있어. 너를 위해 말이야". 이것이 우리가 배운 네 번째 만트라입니다. 이것은 엄마가 아기를 위해 거기에 있듯이, 깨어있는 마음 에너지는 고통의 에너지를 포용하기 위해 거기에 있다는 것을 의미합니다.

그래서 날마다 깨어있는 마음 에너지가 순환되도록 훈련해야 합니다. 이것을 쉽게 하기 위해서는 다르마10)의 친구들, 형제들, 자매들이 필요합니다. 그것이 불교에서 상가에 귀의하는 수행에 관해 말하는 이유입니다: "나는 상가에 귀의합니다." 상가는 수행 공동체입니다. 거기서 다르마의 형제들과 자매들은 깨어있는 마음이 매일매일 순환되도록 훈련합니다. 그들은 단지 좌선 명상 때뿐만 아니라, 먹고, 마시고, 설거지를 하고, 정원에서 일하고, 운전을 할 때도 그렇게 합니다. 그래서 약간의 훈련도 필요하고 수행 공동체인 상가도 필요합니다.

불교 전통에서 상가를 떠난 수행자는 산을 떠나 마을로 내려간 호랑이에 비유됩니다. 호랑이가 산을 떠나 마을로 내려가면 사람들에게 죽임을 당합니다. 마찬가지로 명상 수행자가 상가에 귀의하지 않으면, 몇 달 후에 자신의 수행을 포기하게 될 것입니다. 따라서 상가는 수행을 계속 유지하는데 절대적으로 필요합니다.

11장 비이원성의 원리

고통이 생기면, 고통은 의식의 차원인 "거실"에 한동안 머뭅니다. 거기서 잠시 머문 뒤에 저장식(알라야식)11)인 일상적 습관으로 돌아갑니다. 그리고 저장식에서 씨의 형태로 있게 되는데, 그때 고통은 조금 약해집니다. 고통은 언제나 깨어있는 마음 에너지가 포용하면 조금씩 줄어듭니다. 다음 순간 고통이 나타나면, 우리는 깨어있는 마음 에너지를 가진 것과 똑같은 방식으로 고통을 돌보게 됩니다. 그러면 고통은 더 약해진 채로 깊숙한 곳으로 돌아갑니다. 고통은 우리의 진정한 어머니인 깨어있는 마음 에너지를 포용할 때마다 그 에너지가 사라집니다.

문은 이미 열려있습니다. 그때 정신작용은 자유롭게 흐릅니다. 이것을 몇 주간만 실천하면, 정신병 증세가 사라질 것입니다. 그것은 우리의 마음이 잘 순환하기 때문입니다. 그 때문에 붓다는 두려움을 깨어있는 마음의 의식으로 초대하여 매일매일 돌보라고 한 것입니다. 선과 악, 긍정과 부정 사이에는 아무런 다툼도 없습니다. 오로지 형이 동생을 돌보는 것뿐입니다. 불교 명상에서 우리는 비이원론적인 방식으로 관찰하고 행동합니다. 그럴 때 의식의 쓰레기들은 자비와 사랑, 평화의 꽃으로 바뀔 수 있습니다. 우리의 의식은 살아있는 것, 즉 유기적인 것입니다. 우리 안에는 언제나 쓰레기와 꽃이 함께 있습니다. 유기적으로 정원을 잘 가꾸는 정원사는 빈틈없이 꾸준하게 쓰레기를 구해냅니다. 왜냐하면 정원사는 쓰레기를 퇴비로 바꾸고, 그 퇴비를 꽃과 야채로 바꾸는 방법을 알고 있기 때문입니다. 따라서 아픔에 감사하고 고통에 감사하십시오. 우리에게는 아픔과 고통이 필요합니다.

우리는 퇴비를 꽃으로 바꾸는 법을 배워야

합니다. 꽃을 보십시오. 꽃은 아름답고 향기롭고 순수합니다. 그러나 꽃을 깊이 관찰하면 우리는 이미 꽃 속에 퇴비가 있다는 것을 알 수 있습니다. 우리는 명상을 통해 이미 그것을 볼 수 있습니다. 명상을 하지 않아도 10일 후면 꽃이 퇴비로 바뀌는 것을 볼 수 있습니다. 명상의 눈으로 쓰레기 더미를 깊이 바라보면 거기서 상추와 토마토, 꽃을 볼 수 있습니다. 그것은 정원사가 쓰레기 더미를 볼 때 정확히 보는 것입니다. 그 때문에 정원사는 자신의 쓰레기를 버리지 않습니다. 우리 모두는 쓰레기 더미를 퇴비로 바꾸고, 퇴비를 꽃으로 바꾸는 데 약간의 훈련이 필요합니다.

그것은 정신작용에 있어서도 마찬가지입니다. 정신작용은 믿음, 희망, 이해, 사랑과 같은 꽃들이 있고 두려움과 아픔 같은 쓰레기도 포함합니다. 꽃은 쓰레기가 되는 과정에 있고 쓰레기도 꽃이 되는 과정에 있습니다. 이것은 불교의 비이원성의 원리입니다. 버려야 할 것은 없습니다. 고통을 받지 않으면 결코 행복을 알지 못합니다. 배고픔이 무엇인지 모르면, 매일 먹는 기쁨 또한 알 수 없습니다. 따라서 아픔과 고통은 우리의 이해와 행복의 필수 조건입니다. 아픔과 고통에 대해 어떤 것도 알고 싶지 않다거나 오직 행복만 알고 싶다고 말하지 마십시오. 그것은 불가능합니다. 우리 모두는 고통이 우리를 이해할 수 있게 도와주고, 우리의 자비에 영양분을 공급한다는 사실을 너무나 잘 알고 있습니다. 이 때문에 고통은 반드시 필요합니다. 우리는 고통으로부터 배우는 방법뿐만 아니라 자비와 사랑, 이해의 에너지를 모으기 위해 고통을 활용하는 법 또한 알아야 합니다.

12장 화해

우리는 명상을 통해 비폭력의 원칙에 따라 행동합니다. 왜냐하면 나는 행복이면서 동시에 고통이고, 이해이면서 동시에 무지하다는 것을 알고 있기 때문입니다. 그 때문에 이 두 가지 측면을 같이 돌보아야 합니다. 둘 중 하나를 차별해서는 안 됩니다. 그리고 다른 한 가지를 위해서 한 쪽을 억눌러서도 안 됩니다. 나는 그 둘 각자가 서로를 위해 반드시 필요하다는 것을 알고 있습니다. 붓다가 우리에게 말하길, "만일 이것이 존재하면, 저것이 존재한다."라고 했습니다. 그래서 우리 존재의 한 요소와 우리 존재의 다른 요소 사이에는 어떤 갈등이나 폭력이 있어서는 안 됩니다. 거기에는 오직 돌봄과 변화의 가능성만 있어야 합니다. 우리는 고통과 아픔에 대해 비폭력적인 태도를 지녀야 합니다. 우리는 아기를 돌보듯 우리의 고통을 돌보아야 합니다.

우리는 정신작용에서 뿐만 아니라 육체적 관계에서도 이렇게 해야 합니다. "숨을 들이 쉬면서, 나는 내 눈eyes을 의식한다. 숨을 내쉬 면서, 나는 내 눈을 향하여 미소 짓는다." 이런 식으로 수행하면 우리는 눈을 깨어있는 마음 에너지로 만지게 되고 눈(眼)과 평화를 이루 기 시작합니다. 그리고 눈의 본질을 이해하기 시작합니다. 몇 분 동안 계속해서 이런 수행을 하면 눈이 안녕과 행복을 위한 기본적인 조건 가운데 하나라는 사실을 알게 됩니다. 아직 상태가 좋은 눈을 가지고 있다는 것이 얼마나 큰 행운입니까! 이것은 경이로운 것입니다. 단지 눈을 떠 푸른 하늘과 하얀 구름, 벚꽃, 석양, 아기의 얼굴 등만 바라보면 됩니다.

눈이 양호하면, 형태와 색깔의 낙원을 누릴 수 있습니다. 시력을 잃은 사람들은 어둠 가운데 삽니다. 그들은 만일 누군가가 자신들의 시력을 되찾아 준다면 낙원에 들어가게 될 거라고 믿을 것입니다. 우리도 눈이 정상 기능을 하면 진정으로 형태와 색깔의 낙원에 사는 것입니다. 그러나 깨어있는 마음이 없으면 그것을 잊어버립니다. 우리의 눈은 이미 기본적인 행복의 조건 가운데 하나입니다. 깨어있는 마음은 우리에게 그러한 조건들 가운데 하나를 만질 수 있도록 도움을 줍니다.

계속 수행해 봅시다. "숨을 들이쉬면서, 나는 내 심장을 의식한다. 숨을 내쉬면서, 나는 내 심장을 향해 웃는다." 심장은 "매우 좋아"라고 대답합니다. 우리가 이전에 그런 시간을 단 한 번도 가지지 않았더라면 이번이 우리의 심장을 의식하게 되는 첫 시간입니다. "사랑하는 심장아! 나는 네가 거기에 있다는 것을 알고, 그래서 나는 기뻐." 이것이 우리가 배운 두 번째 만트라입니다.

그때 우리의 심장은 안도감을 느끼기 시작합니다. 우리의 심장은 아주 오랫동안 이러한 친근한 태도를 기다렸습니다. 오늘밤 우리는 깨어있는 마음 에너지로 우리의 심장을 만지게 될 것입니다. "숨을 들이시면서, 난 네가 거기에 있다는 것을 알아. 숨을 내시면서, 네가 거기에 있어줘서 고마워." 몇 분간 그렇게 하면 심장이 우리 행복의 기본적인 조건 가운데 하나라는 것을 알게 될 것입니다. 우리의 심장은 여전히 정상적인 기능을 하고 있습니다. 얼마나 행복합니까! 우리의 심장은 우리의 안녕과 행복을 지키기 위해 밤낮으로 일하고 있습니다. 우리는 잠잘 시간이 있지만, 심장은 잠잘 시간이 없습니다. 심장은 쉬지 않고 우리 몸의 모든 세포에 피를 공급하기 위해 매일 수천 번의 펌프질을 합니다. 그럼에도 불구하고 우리는 심장에 전혀 관심을 갖지 않았습니다. 우리는 심장이 밤낮으로, 해마다 고통을 당하고 있는데도 먹고 마십니다. 우리는 심장으로 돌아가 세 번째 만트라를 실천해야 합니다. "사랑하는 심장아, 나는 네가 고통 받고 있다는 것을 알아. 그 때문에 내가 너를 위해 여기 있어."

우리가 심장을 깊이 어루만지면서 깨어있는 마음 호흡을 계속하면 상황을 제대로 파악할 수 있습니다. 예를 들어, 담배를 피울 때는 심장에 친근하지 못한 제스처이고, 술을 마실 때는 심장에 대한 배려가 부족하다는 사실을 알게 됩니다. 이런 방식의 명상으로 우리는 지혜와 이해, 자비를 가질 수 있습니다. 그리고 일주일 간 이렇게 하면 담배와 술을 끊을 수 있습니다.

누군가 여러분에게 오계(五戒)12)를 받기 전에 술을 끊으라고 요구한다면, 우리는 항상 그들에게 이렇게 말합니다. 술을 계속 마실 수 있지만, 깨어있는 마음으로 술을 끊어야만 한다고 말입니다. 일주일 간 깨어있는 마음으로 와인을 마시면서 깊이 수행을 하면, 몇 주 후에 술을 끊을 수 있습니다. 하지만 강요된 것은 아무것도 없습니다. 왜냐하면 행동하는 방식과 살아가는 방식을 알려 주는 것은 여러분 자신의 이해와 지혜이기 때문입니다. 불교에서 우리가 오계, 십계, 이백 오십계를 실천하는 이유는 붓다가 이런 것을 원하기 때문이 아니라 우리가 깊이 보는 수행을 하고 있기 때문입니다. 우리는 계율을 실천하는 것이 우리를 고통에서 보호해 주는 것임을 알고 있습니다. 계율은 우리를 자유롭게 하는 보증입니다.

우리는 깨어있는 마음으로 간(肝)을 어루만지면, 간이 보내는 SOS를 들을 수 있습니다. 간이 보내는 메시지는 매우 중요합니다. 그러나 우리가 거기 있지 않으면, 그 메시지는 우리에게 도달하지 않습니다. 깨어있는 마음으로 간을 어루만지면 간의 정확한 현 상태가 드러납니다. 그리고 간의 메시지를 받으면, 술과 살찌는 음식을 중단할 수 있습니다.

붓다는 우리 몸의 각 부분을 유심히 살피는 훈련을 하라고 제안했습니다. 우리는 스캐너가 하듯이, 앉아 있을 때나 누워 있을 때나 깨어있는 마음의 에너지를 사용하여 머리에서 시작해서 점차 몸을 쓸면서 몸 전체를 살펴야 합니다. 그러나 여기 있는 빛의 근원은 깨어있는 마음의 빛입니다. 왜냐하면 깨어있는 마음의 에너지는 붓다의 빛이기 때문입니다. 우리는 붓다의 빛과 연결되고 화해하기 위해서 몸 전체를 깊이 쓸어야 합니다.

나는 예전에 우리가 영역이 매우 넓은 지역의 왕이거나 혹은 여왕이라고 말했습니다. 깨어있는 마음 에너지는 우리가 이 영역을 아주 정밀하게 감시 할 수 있도록 해줍니다. 우리는 거기서 무슨 일이 일어나는지, 누가 있는지, 어떤 갈등과 어떤 전쟁, 그리고 어떤 고통이 있는지를 알기 위해서 우리의 영역을 잘 감시해야 합니다. 우리는 이 영역을 정확히 관찰함으로써 중요한 일을 할 수 있고, 오온(五蘊)에서 조화와 질서를 회복할 수 있습니다.

13장 다시 되살아나기

우리는 깨어있는 마음이 없으면 죽은 사람처럼 살게 됩니다. 깨어있는 마음이 태어날 때마다, 우리는 붓다의 나라인 정토(淨土), 하느님 나라에서 다시 태어납니다. 시편에는 다음과 같은 구절이 있습니다: "너는 내 아들이라, 오늘날 내가 너를 낳았도다." 이것은 성령의 음성입니다. 우리는 성령을 통해서 매 순간 다시 태어납니다. 깨어있는 마음은 몸과 마음이 현재로 되돌아오게 하는 수행입니다. 우리는 이런 수행을 할 때마다 다시 되살아납니다.

주위를 돌아보면 죽은 사람처럼 사는 사람들이 있습니다. 카뮈$^{Albert Camus}$는 말하길, 수없이 많은 사람들이 자기 자신의 시체를 짊어지고 배회한다고 했습니다. 우리는 깨어있는 마음의 수행 때문에 즉시 되살아납니다. 산다는 것은 지금 여기, 현재의 순간에 머문다는 것입니다. 그것은 깨어있는 마음 호흡을 통해서 가능합니다. 불교 명상에서 우리는 매 순간 부활 수행을 합니다: "숨 쉬어라. 너는 살아있다." 성령은 우리의 깨어있는 마음 호흡과 함께 현재합니다: "오늘 우리에게 일용할 양식을 주소서." 이것은 바로 현 순간, 오늘을 사는 수행입니다. 우리는 과거나 미래에 자신을 잃어버리면 안 됩니다. 삶을 어루만지는 유일한 순간은 지금 이 순간입니다. 우리는 그리스도교에서도 불교와 동일한 가르침을 발견합니다.

걷기 명상을 할 때, 우리의 모든 발걸음은 우리 자신을 현 순간으로 되돌려 줍니다. 깨어있는 마음 없이 걸으면, 지금 이 순간을 희생하면서 어딘가의 목적지로 향하는 것입니다. 그때 우리는 살아있는 것이 아닙니다. 목적지에 관하여 말하자면, 우리는 이렇게 물을 수 있습니다. "우리의 최종 목적지는 어디지? 아마 묘지? 그렇다면 왜 우리는 묘지를 향해 이렇게 서둘렀지?" 라고 말입니다. 삶의 방향은 그쪽이 아닙니다. 삶은 매 걸음마다 여기에 있습니다. 이 때문에 우리는 걸을 때 마다 삶이 살아나는 방식으로 걸어야만 합니다. 우리는 이것을 자두 마을에서 실천하는데, 공식적인 깨어있는 마음 걷기 수행에서 뿐만 아니라 하루 종일 그렇게 합니다. 어딘가로 갈 때, 단지 몇 미터라 할지라도 걷기 명상의 방법으로 걸을 수 있습니다.

우리와 함께 일주일만 수행하면 충분히 좋은 습관을 만들 수 있습니다. 집으로 돌아가서도 이런 습관을 계속 유지할 수 있습니다. 우리는 집에서 전철역까지 걷기 명상을 실천할 수 있습니다. 조금만 더 시간을 투자하면 우리는 어딘가에 구속되지 않고 자유로운 사람처럼 걸을 수 있습니다. 그러면 우리는 하느님 나라가 지금, 여기에 평화와 기쁨이 오늘, 정토가 우리 발밑에 있는 것처럼 걸을 수 있습니다.

　나는 공항에 갈 때마다, 여유롭게 시간을 내어 거기서 걷기 명상을 합니다. 여러분들도 일상에서 명상이 가능하도록 계획을 세우셔야 합니다.

14장 전화 명상

이제는 여러분들에게 오늘밤 시도할 수 있는 전화명상을 제안하고자 합니다. 전화벨이 울릴 때마다 우리의 마음속에서는 작은 진동이 생깁니다. 거기에는 진정한 평화가 없습니다. "누구 전화지? 좋은 소식일까? 나쁜 소식일까?" 라는 걱정의 징조입니다. 여러분들은 자신을 제지하지 못하고 즉시 전화기로 달려 갑니다. 자두 마을에서는 전화벨이 울리면 우리가 있는 장소에 머물러 그 전화벨 소리가 깨어있는 마음의 소리라고 여깁니다. "숨을 들이쉬면서 – 나 자신을 진정시킨다; 숨을 내쉬면서 – 나는 미소 짓는다." 그리고 나서 우리는 걷기 명상을 하는 방식으로 전화기를 향해 다가갑니다. 전화기 앞에서 우리는 깨어 있는 마음 호흡 수행을 합니다. 자두 마을에서는 벨 소리를 들을 때마다 멈춥니다. 생각을 멈추고, 대화를 멈추고, 하던 일을 멈춥니다. 그리고 숨을 들이쉬고 내쉬기 시작합니다. 전화 벨이 울릴 때나 알람 벨이 울릴 때도 마찬가지입니다. 이런 방식으로 우리는 평화를 어루만지기 위해 우리 자신, 우리의 진정한 집, 지금 여기로 돌아갈 많은 기회를 갖습니다. 살기 위해서 우리는 '생각'을 멈춥니다. 보름달을 생각하면서, 보름달이 거기에 없다고 여기면 우리는 거기에 없게 됩니다. 이것은 생각이 우리로 하여금 일상에서 현 순간에 깊이 살지 못하도록 방해하기 때문입니다. 물을 마실 때는 오로지 물만 마십시오. 그것이 명상입니다. 여러분들의 사고의 영역을 배회하는 걱정이나 계획 같은 것들을 마셔서는 안 됩니다. 생각은 우리에게 삶을 깊이 어루만지지 못하도록 합니다. 따라서 내가 진정으로 거기에 있지 않다고 생각합니다. 그래서 우리는 전화벨이 울릴 때, 거기에 머물러 수행을 합니다. 벨소리를 들으십시오,

또 들으십시오: 이 아름다운 소리가 나를 현순간으로 이끌어 줍니다. 벨이 세 번 울리면, 그때 전화를 받으십시오. 그러나 위엄 있고 걷기 명상을 하는 방식으로 받으십시오. 숨을 쉬고 미소를 지우십시오. 그리고 평화가 여러분 자신 안에 있듯이 행동하십시오. 이것은 여러분들뿐 만 아니라, 전화를 거는 사람에게도 좋은 것입니다. 왜냐하면 여러분들은 화내지 않을 것이기 때문입니다.

만일 여러분들이 전화를 거는 사람이라면 다음의 행동을 따르십시오. "나는 깊이 듣는 수행을 하기로 결심한다. 나는 사랑스러운 말하기 수행을 하기로 결심한다." 여러분들은 이 작은 글귀를 배울 수 있습니다. 아니면 우선 전화기 앞에 두 글귀를 두십시오. 왜냐하면 그것은 이해로 향하는 문을 열어주고 조화를 가져다주기 때문입니다. 이 두 글귀는 각각 숨 들이쉬기와 내쉬기와 일치합니다. 이런 식으로 두 번 숨을 들이쉬고 나면, 더 고요해질 수 있습니다. 여러분들은 배려 깊은 듣기와 사랑스런 말하기 수행을 하기로 맹세했습니다. 이제 여러분들은 전화 할 자격이 있습니다. 저쪽 끝에서 벨이 울릴 때, 서두르지 않습니다. 왜냐하면 다른 사람이 숨쉬기 수행을 하고 있는 중이라는 사실을 알기 때문입니다. 두 사람이 미소 짓기와 고요하기 수행을 하고 있다고 상상해 보십시오. 만일 워싱턴에 있는 모든 사람이 그런 수행을 한다면, 그곳은 훨씬 더 살기 좋은 곳이 될 것입니다. 고요와 평화, 미소가 거기에 있을 것입니다.

전화 명상을 실천한 많은 수행자들은 그 이후로 자신들의 형편뿐만 아니라 거래관계도 좋아졌다고 일러주었습니다. 그 이유는 그들이 훨씬 더 나아졌기 때문입니다. 자두 마을에서는 십 년 전에 전화 명상을 시작했습니다. 처음에는 약간의 어려움도 있었습니다. 왜냐하면 모든 수행자들이 깨어있는 마음 호흡 수행을 너무 사랑해서 전화벨이 울릴 때도 그 누구도 선뜻 전화를 받지 않았기 때문입니다. 여러분들이 자두 마을에 전화를 하면, 깨어있는 마음 호흡 수행을 할 엄청난 기회가 있다는 사실을 알게 될 것입니다.

여러분들은 포옹 명상을 할 때, 세 번의 깨어 있는 마음 호흡을 해야 합니다. 그리고 나서 손으로 연꽃 모양을 만드십시오. 그러면 당신이 사랑하는 사람도 동시에 그렇게 할 것입니다. 사랑하는 사람을 안을 때 이렇게 깊이 수행하 십시오. "숨을 들이쉬면서 나는 그가 내 팔 안 에서 살아있다는 것을 안다; 숨을 내쉬면서 그래서 나는 기쁘다."라고 말입니다. 그렇게 세 번 하십시오. 그러면 여러분들과 사랑하는 그 사람이 진정으로 그곳에 있게 됩니다. 이 것은 여러분들을 현 순간에 있게 해주는 아주 유쾌한 수행입니다. 명상은 깨어있는 마음 에 너지를 사용하기 때문에 삶이 하나의 현실로 다가옵니다. 우리는 일상의 혼란 가운데서도 불교 명상을 아주 잘 수행할 수 있습니다.

15장 모두가 해야 할 깨어있는 마음 수행

　일상에서 깨어있는 마음 수행을 하면 우리는 안정과 평화, 안녕과 기쁨, 그리고 타인과 좋은 관계를 맺을 수 있습니다. 나는 모든 사람들, 심지어 정치인과 정당, 국회에서도 깨어있는 마음 수행을 할 수 있다고 확신합니다. 국회는 나라의 현 실정을 잘 알아야 될 책임이 있습니다. 국회가 나라의 현실을 잘 알기 위해서는 깊이 들여다보는 수행이 필요합니다. 국회의원들이 침착하지 못하고 집중력이 없다면 어떻게 현실을 깊이 볼 수 있겠습니까? 그들이 국민의 목소리와 동료 국회의원들의 말에 귀 기울이지 않고, 애정 어린 말을 하지 않는다면, 매우 안타까울 것입니다. 정치인들은 고요함 수행, 멈춤 수행, 깊이 들여다보는 수행을 해야 합니다.

우리는 언론인, 작가, 시민입니다. 우리 모두는 우리가 뽑은 정치인들이 깨어있는 마음, 고요함, 깊이 듣기, 사랑스런 말하기 등의 수행을 해야 한다고 말할 권리와 의무가 있습니다. 이것은 모든 종교에서 가르치는 보편적인 것입니다. 불교에서는 이것을 '사마타'samatha13) - 멈춤, 집중, 고요함- 라고 합니다. 고요함이 있으면, 우리는 깊이 보는 수행을 할 수 있습니다.

국회의원들이 깨어있는 마음 호흡과 걷기, 깊이 듣기, 고요하고 사랑스런 말하기 수행을 한다고 상상해 보십시오. 지금 그들은 모일 때마다 싸우고 독화살을 쏩니다. 왜냐하면 그들 중 어떤 사람도 고요하고 사랑스러운 말을 할 능력이 없기 때문입니다. 상황은 매우 긴장되어 있습니다. 그들에게는 증오와 분노, 차별이 너무 많기 때문입니다. 그런 상태에서 어떻게 그들이 나라에 대한 심오한 지식을 얻을 목적으로 깊이 보는 수행을 할 수 있겠습니까? 그래서 깨어있는 마음 수행이 필요한 것입니다. 그것은 불자들에게도, 그리스도인에게도 마찬가지입니다. 그러나 깨어있는 마음을 일상으로 가져가야 합니다. 여러분들이 언론인, 선생님, 영화 제작자라면 자신들의 고요함과 행복을 위해서 뿐 만 아니라 다른 사람의 고요함과 행복을 위해서도 깨어있는 마음 수행을 해야 합니다. 우리는 고요함과 자비, 이해가 필요하기 때문입니다. 그래서 우리는 개인으로서 뿐 만 아니라 공동체로서, 가족으로서, 국가로서 깨어있는 마음이 되어야 합니다.

16장 개념 제거하기

불교에서 얻을 수 있는 가장 큰 위안과 위로는 열반(涅槃)[14]과 접촉하는 것입니다. 열반에는 일상의 어떤 두려움도 존재하지 않습니다. 우리 안에는 큰 두려움이 있습니다. 우리는 죽음, 외로움, 변화 등 모든 것을 두려워합니다. 우리에게 두려워하지 않도록 도움을 주는 것은 깨어있는 마음 수행입니다. 여러분들은 오직 여기에서만 완전한 위안과 완전한 행복을 경험할 수 있습니다. 열반은 우리 존재의 터전입니다. 물이 모든 파도의 본질이듯이 말입니다.

처음에 우리는 시작과 끝, 태어남과 죽음이 있다고 생각합니다. 우리는 태어나기 전에 거기에 없었고 우리가 죽은 다음에는 거기에 없을 것이라고 생각할 수 있습니다. 그러면 우리는 존재와 비존재의 개념에 갇힙니다. 우리 모두 바다의 파도를 깊이 들여다봅시다. 파도는 파도라는 하나의 삶으로 살아가지만 동시에 파도는 물의 삶으로 살고 있습니다. 파도가 파도 자신과 파도의 본질인 물을 향할 수 있다면 그 파도는 두려움이 없는 열반과 접촉할 수 있습니다.

우리는 삶과 죽음, 존재와 비존재, 일원성과 다원성의 개념을 가지고 삽니다. 그래서 우리는 존재의 궁극적 차원과 접촉할 기회를 갖지 못한 것입니다. 열반은 '소멸'extinction이라는 말로 바꿀 수 있습니다. 무엇을 소멸 하는 것일까요? 태어남과 죽음, 존재와 비존재를 포함한 모든 감정의 소멸입니다.

태어남과 죽음은 보살과 접촉할 수 없습니다. 그리고 옛날의 파도는 자신이 동시에 물이라는 것을 깨닫지 못합니다. 태어남과 죽음, 존재와 비존재와 같은 개념은 어떤 의미에서 파도에 적용됩니다. 물에 관해서 말하자면, 파도는 물의 본질을 묘사할 수 없습니다. 태어남과 죽음, 존재와 비존재에 관해서 말할 때, 우리는 현상의 관점에서 말하는 것입니다. 불교에서는 이것을 역사적 차원이라고 합니다. 파도에 관해서 말할 때, 우리는 역사적 차원에 있지만 물에 관해서 말할 때는 태어남과 죽음, 존재와 비존재에 대해 말할 수 없는 궁극적 차원에 있는 것입니다. 파도는 자신이 태어나기 전에 거기에 없었고, 죽고 나면 거기에 없을 것이라고 생각할 수 있습니다. 그러나 이것은 궁극적 차원에서는 적용될 수 없는 개념에 불과합니다.

　붓다는 이와 같이 선언했습니다: "하나의 세상이 있다. 그러나 세상은 태어남과 죽음, 높음과 낮음, 존재와 비존재가 없다." 만일 그 세상이 거기에 있지 않으면 어떻게 태어남과 죽음, 존재와 비존재의 세상이 가능할까요? 붓다는 궁극적 차원에 관하여 말하고 있었습니다. 그러나 붓다는 몇 마디 말만 했습니다. 왜냐하면 우리는 궁극적인 것에 관해서는 개념과 말을 사용할 수 없기 때문입니다.

"신은 죽었다"는 사신신학15)의 진정한 의미는 하느님이 하나의 실재^{reality}로 나타나기 위해서 신의 개념 자체가 죽어야 한다는 뜻입니다. 만일 신학자들이 단지 개념과 말만 사용하고 직접적인 경험이 없다면 별로 도움이 되지 않습니다. 열반도 그와 같습니다. 열반은 논의나 묘사하는 것이 아니라 접촉하고 사는 것입니다. 우리에게는 진리와 실재를 왜곡하는 개념이 있습니다.

한 불교 선승이 법회에서 다음과 같이 말했습니다. "여러분, 나는 붓다라는 단어를 사용할 때마다 고통스럽습니다. 그것이 몹시 싫습니다. 붓다라는 말을 사용할 때 마다 욕실로 가서 내 입을 연속으로 세 번 씻습니다." 그가 이렇게 말한 이유는 제자들이 붓다라는 개념에 사로잡히지 않도록 하기 위해서 입니다. 붓다와 붓다의 개념은 다른 것입니다.

다른 불교 선승은 이렇게 말했습니다. "붓

다를 만나면, 붓다를 죽여야 한다." 여러분들은
붓다라는 개념을 죽여야만 합니다. 그래야지
진정한 붓다가 여러분들에게 나타날 수 있습
니다. 그날 법회에는 아주 완고한 수도승이
있었습니다. 그는 일어나서 이렇게 말했습니다.
"스승님, 나는 당신이 붓다라고 할 때 마다 강
으로 가서 내 귀를 연속으로 세 번 씻겠습니다."
그들은 서로를 이해했습니다. 우리는 개념의
함정에 사로잡혀서는 안 됩니다.

두려움은 무지와 삶과 죽음, 존재와 비존재
에 관한 우리의 개념에서 비롯됩니다. 우리는
우리 자신 안에 있는 실재와 접촉함으로써 이
모든 개념들을 제거할 수 있으면 어떤 두려움도
생기지 않고 가장 큰 위안을 얻을 수 있습니
다. 불자들은 태어남과 죽음의 개념을 초월할
필요가 있습니다. 왜냐하면 그러한 개념들은
실재에 적용되지 않기 때문입니다. 이것은 존
재와 비존재의 개념에 있어서도 마찬가지입
니다. 불자들에게 존재한다, 혹은 존재하지

않다는 것은 문제가 되지 않습니다. 진정한 문제는 우리가 충분한 집중(三昧)과 마음 챙김, 그리고 존재의 기반인 열반과 충분히 접촉하는 수행을 하는가에 있습니다.

그것이 우리가 일상생활 – 먹을 때, 마실 때, 잠잘 때– 에서 깊이 들여다보는 수행을 해야 하는 이유입니다. 그러면 우리는 언젠가 우리 속에 있는 궁극적 실재와 접촉할 수 있습니다. 열반은 우리가 찾아야 하는 무언가의 대상이 아닙니다. 왜냐하면 파도가 이미 물이 듯이, 우리 자신이 열반이기 때문입니다. 파도는 물을 찾을 필요가 없습니다. 물은 다름 아닌 파도의 본질이기 때문입니다. 깊이 있게 사는 삶은 우리의 궁극적 실재이자, 태어남도 죽음도 없는 세계인 열반과의 접촉을 가능하게 합니다. 그러면 우리의 모든 두려움은 우리의 참된 본질에 대한 직접적인 앎으로 인해 사라지게 될 것입니다.

나는 여러분 모두가 다르마의 진지한 수행

자인 형제나 자매, 연대와 기쁨, 자유와 이해, 사랑을 소유한 영적인 친구를 사귀기를 바랍니다. 그때 여러분들의 수행은 훨씬 즐겁게 될 것입니다. 왜냐하면 여러분들은 다르마 안에서 형제나 자매의 수행 공동체인 상가[samgha16)]의 지원을 받게 될 것이기 때문입니다.

역자 후기

종교와 민족, 국가의 울타리를 넘어 인류의 큰 스승으로 활동하신 틱낫한의 스님의 가르침은 단순하지만 심금을 울리는 마력을 지니고 있습니다. 한 평생을 그리스도인으로 살아온 제가 그의 글을 처음 접한 날, 온 몸에 전율이 일어나고 전 인류를 품을 수 있을 듯한 사랑의 힘을 느낄 수 있었습니다. 이 책은 오늘날 인류에게 따뜻한 울림을 전하는 사랑의 메시지입니다. 그의 메시지를 통해 자유와 기쁨, 평화를 누리는 인류를 기대해 봅니다.

1) 카루나는 '자궁과 같은'(womb-likeness)이라는 뜻이다. 자비는 생명을 배태하는 포근한 자궁과 같이 모든 것을 따뜻하게 감싸 안을 수 있는 능력을 의미한다.

2) 우페크사는 '~너머'를 의미하는 '우페'와 '보다'를 뜻하는 '크쉬'의 합성어로 판별하지 않는 무념의 상태, 놓아줌을 의미한다. 이러한 사랑은 사랑하는 주체와 사랑받는 객체 사이에 구별이 없다. 둘은 한 몸이기 때문이다.

3) 이 경전의 원명은 불설대안반수의경(佛說大安般守意經)으로 위빠사나의 핵심 명상법인 호흡에 집중하는 수행법이다. 안반(安般)은 오정심관(五停心觀)의 하나로 안나반나(安那般那)의 준말이다. 안나(āna)는 내뿜는 숨이고 반나(apāna)는 들이쉬는 숨을 뜻한다. 이 숨으로 헤아려 마음의 흔들림을 막는 것으로 선관(禪觀)의 첫 문이 된다. 한국불교대사전편찬위원회 편, 『韓國佛教大辭典』四, 서울: 明文堂, 1999) p. 392 참고.

4) 만트라(mantra)는 종교적으로 찬가(讚歌), 제사(祭詞), 주문(呪文) 등을 나타내는 말이다. 인도에서는 베다성전 또는 그 본문인 상히타를 가리키고, 탄트라교에서는 샤크티(性力) 숭배의 의례에서 사용하는 기도문, 요가학파에서는 음성 수행법, 대승불교에서는 제불(諸佛)을 상징하는 산스크리트어나 불타에 대한 찬가나 기도를 상징적으로 표현한 특정한 말을 가리킨다. 한자로는 진언이라고 음역하고 밀교에서는 만트라를 다라니라고 칭하는데 이것을 독창하고 관상함으로써 해탈할 수 있다고

믿는다. 후에 이것을 따르는 종파를 진언종이라고 불렀다. 吉祥 編著, 『佛教大辭典』上, (서울: 弘, 法院, 1998) p. 569 참고.

5) 산스크리트어로 avidyā, 팔리어로 avijjā라고 한다. 인간 존재의 근거에 있는 근본적인 무지(無知)로 십이인연(十二因緣)의 제일지(第一支)이다. 무명(無明)은 생(生)·노(老)·병(病)·사(死) 등의 모든 고(苦)를 초래하는 원인으로 무명을 멸함으로써 고(苦)도 소멸할 수 있다. 吉祥 編著, 『佛教大辭典』上, (서울: 弘,法院, 1998) p. 639 참고.

6) 한자로는 결(結)로 표기하며 매어두는 것, 속박하는 것, 번뇌의 속박, 번뇌의 맺힘이라고 할 수 있다. 더 자세한 내용은 吉祥 編著, 『佛教大辭典』 上, (서울: 弘,法院, 1998) p. 81을 참조하시오.

7) 대자대비(大慈大悲)를 근본서원으로 하는 보살이다. 구역(舊譯)으로는 광세음(光世音), 관세음(觀世音), 신역(新譯)으로는 관자재(觀自在), 관세자재(觀世自在) 등으로 불린다. 관세음(觀世音)은 세간의 중생이 구원을 구하는 것을 들으면 곧바로 구제한다는 뜻이고, 관자재(觀自在)는 일체제법의 관찰과 같이 중생의 구제도 자재한다는 뜻이다. 吉祥 編著, 『佛教大辭典』上, (서울: 弘,法院, 1998) p. 169 참고.

8) 여기서 틱낫한 오온(五蘊)에 관해서 말하고 있다. 불교철학에 의하면, 오온(skandha)은 적집(積集)을 뜻하는 것으로 물질과 정신을 5개로 분류한 것을 말한다. 색(色), 수(受), 상(想), 행(行), 식(識)이 있다. 색(rupa)은 물질일반, 신체 및 물질성을 가리킨다. 수(vedanā)는 감수작용으로 감각·단순감정을 말한다. 상(samjnā)은 마음에 떠오르는 상(像)으로 표상작용을 의미한다. 행(samskāra)은

의지 혹은 충동적 욕구에 해당하는 마음작용을 가
리킨다. 마지막으로 식(vijnāna)은 인식작용·식별
작용·마음작용 전반을 총괄하는 마음의 활동을
나타낸다. 吉祥 編著, 『佛教 大辭典』 下, (서울:
弘, 法院, 1998) pp. 1816-1817 참고.

9) 거실은 직접적인 인식인 우리의 의식을 의미한다.

10) 산스크리트어 다르마(dharma)는 부처님의 가르침을
뜻하는 '법'(法)이란 말로 팔리어로는 담마(dhamma)
이다. 다르마는 다양한 뜻을 지닌다. 부처님이 깨
달은 진리라는 뜻 외에도 법칙·현상·행위 규범·
의무·사회제도·정의·질서·착한 행위·종교적
의무·세상에 존재하는 모든 것·내가 상대하고
있는 대상들을 가리킨다. 대한불교조계종 포교원,
『불교입문』(서울: 조계종출판사, 2018) p. 88 참고.

11) 인간의 인식 활동은 '육식(六識)', 즉 안(眼), 이
(耳), 비(鼻), 설(舌), 신(身), 의(意) 라는 여섯
가지 감각기관을 통해 이루어진다. 그러나 더 깊은
내면의 세계는 제6식인 의식보다 더 깊은 마음의
단계가 있는데 이를 제7식인 마나식(末那識: 자아
의식)이라고 한다. 그리고 제7식인 마나식보다 더
심층에 숨어 있는 '잠재 의식 혹은 근원 의식', 즉
제8식인 알라야식(阿賴耶識: alaya vijñāa) 이 있다.
산스크리트어 '알라야(alaya)'는 '깃들다', '저장하다',
'비즈냐(vijñāa)'는 '의식'이라는 뜻이다. 그래서
알라야식을 한자로는 업장(業藏: 업의 창고), 영
어로는 storehouse consciousness라고 한다. 알라
야식은 마치 컴퓨터의 하드디스크처럼 과거의 생
각과 행위의 온갖 잔상들을 저장하고 기억하며,
그 잔상들이 미래의 업을 일으키는 인간의 모든
활동을 총괄하고 반복한다. 즉 우리가 일상을 통
해 보고, 듣고, 느끼고, 생각하고, 행동한 것은 하

나도 빠짐없이 종자로 변해 알라야식에 저장된다. 제6식을 통해 얻어지는 모든 작용이 제7식인 마나식을 통해 알라야식에 저장되는 것이다. 그래서 알라야식은 마나식의 근거이고 제6식인 자아의식의 뿌리이기도 하다. 따라서 우리가 지금 하는 모든 행동과 생각은 이 알라야식으로부터 나온다. 이 알라야식에 저장된 업(業)들이 알맞은 환경과 조건 등의 인연을 만나면 업이 원동력이 되어 습관처럼 다시 생각하고 행동하게 된다. 우리가 착한 마음 혹은 나쁜 마음을 갖는 것도, 우리가 선이나 악한 행동을 하는 것도 그 근저에 알라야식이 있기 때문이다. 그래서 알라야식 자체가 오염의 근원이 되기도 하고, 청정의 근원이 되기도 한다. 그러므로 우리가 수행을 하는 근본적인 목적은 알라야식에 오염된 업들을 소멸시켜 본래 청정한 상태로 되돌아가는 것이다. 이를 반야(般若)의 지혜, 즉 제9식인 암마라식(阿摩羅識: amala vijñāa) 이라고 한다. 'amala'는 '청정하다'는 뜻으로 결국 알라야식에 오염된 업을 소멸하고 나면, 궁극에는 본래 청정한 마음 상태인 반야의 지혜만이 남는데, 이 반야의 지혜를 암마라식이라고 한 것이다. 알라야식에 관해서는 틱낫한, 유중 옮김, 『중도란 무엇인가』 (서울: 사군자, 2016), p. 128-130에서 거의 전문을 인용하였음을 밝힌다.

12) 재가(在家)의 불자가 지켜야 할 5가지 훈계이다. 첫째는 살생하지 말 것(不殺生戒), 둘째는 도둑질 하지 말 것(不偸盜戒), 셋째는 남녀 사이를 혼란 시키지 말 것. 성에 관해서 문란하지 않는 것. 특히 부인외의 여자, 또는 남편외의 남자와 교제하지 말 것(不邪婬戒), 넷째는 거짓말 하지 말 것(不妄語戒), 마지막 다섯째는 술을 마시지 말 것

(不飮酒戒)이다. 다른 말로 우바새계(優婆塞戒)라고도 한다. 吉祥 編著, 『佛敎大辭典』 下, (서울: 弘,法院, 1998) p. 1786 참고.

13) 한역으로는 지(止)·적정(寂靜)·능멸(能滅)이라고 한다. 산란한 마음을 멈추고, 마음을 한 가지 대상에 쏟는 고요한 마음의 상태를 일컫는다. 지심(止心), 외계(外界)의 대상을 향한 감관(感官)을 제어하여 마음의 움직임을 가라앉히거나 또는 그런 수행을 일컫는 말로 다른 말로 정(定)이라고도 한다. 吉祥 編著, 『佛敎大辭典』 上, (서울: 弘,法院, 1998) p. 1064 참고.

14) 열반(涅槃)은 산스크리트어로 니르바나(nirvana), 팔리어로 닙바나(nibbāna)의 음사어이다. 어원적으로는 '불이 꺼진 상태', 즉 번뇌와 욕망의 불꽃이 꺼진 상태를 의미하는 것으로 한역으로는 적멸(寂滅) 혹은 적정(寂靜)이라고 한다. 열반에는 두 종류가 있다. 살아 있는 상태에서 열반을 성취하는 유여의열반(有餘依涅槃)과 죽음을 통해 열반을 완성하는 무여의열반(無餘依涅槃)이 있다. 전자는 찌꺼기가 남아 있는 열반을 의미하는 것으로, 열반을 성취했지만 육체라는 제한을 갖고 있어, 식욕이나 수면욕 등 가장 기본적인 욕망이 남아 있는 것을 말한다. 반면 후자는 찌꺼기가 남아 있지 않은 열반, 즉 육체의 소멸을 통해 완전한 열반을 성취함을 뜻한다. 이자랑·이필원, 『도표로 읽는 불교입문』 (서울: 민족사, 2017) pp. 90-91 참고.

15) 사신신학(死神神學, Death of God theology)이란 전통적으로 신을 믿지 않는 것을 설명하려는 여러 신학자와 철학자들의 폭넓은 사상을 가리키는 것으로 신의 죽음학(theothanatology)이라고 불린다. 이 말은 그리스어의 '하느님'을 뜻하는 'theos'와

'죽음'을 의미하는 'thanatos'에서 파생되었다. 사신신학은 하느님에 대한 신앙이 현세에서는 불가능하거나 무의미하며 인간의 성취는 하느님이 아니라 세속적인 삶에서 실현 가능하다고 보는 입장이다. 사신신학 철학자 가운데 가장 주목할 인물은 신은 죽었다(독:Gott ist tot, 영: God is dead)라고 선언한 니체(F. W. Nietzsche)이다. 이후 이 선언은 1960년대 미국의 신학자들이 사용하면서 부상하게 되었다. 대표적인 학자로는 하느님은 십자가 사건에서 실제로 죽었으므로 전통적인 신관은 무가치하다고 주장한 알타이저(T. J. J. Altizer), 초월적인 실체인 하느님과 관계하거나 대화는 불가능 하므로 하느님에 대해 말하는 것은 언어적으로 무의미하다고 본 반 뷰렌(Paul Van Buren), 하느님의 속박에서 인간을 자유케 하며 인간의 책임과 행위를 완전히 가능하게 하기 위해 신은 죽어야 한다고 주장한 하밀턴(W. Hamilton), 신은 인간의 언어로 알려진 신이기 때문에 그것은 근본적으로 우상일 수밖에 없다고 주장한 바하니안(Gabriel Vahanian) 등이 있다. 이 밖에도 존 로빈슨(John A. T. Robinson), 마크 C. 테일러(Mark C. Taylor), 존 D. 카푸토(John D. Caputo), 리차드 루벤스타인(Lichard L. Rubenstein), 그리고 피터 롤린스(Peter Rollins) 등이 있다.

16) 붓다의 제자는 출가자(스님)와 재가자(신도)의 두 종류로 구성된다. 남성 출가자는 비구(比丘), 여성 출가자는 비구니(比丘尼), 남성 재가신자는 우바새(優婆塞), 여성 재가신자는 우바이(優婆尼)라고 한다. '4중(衆)' 혹은 '4부 대중'이라 불리는 이들이 불교 교단의 주요 구성원이다. 이외에도 비구 · 비구니가 되기 전의 예비승 단계인 사미 ·

사미니와 사미니로부터 비구니로 넘어가기 전에 여성에게만 적용되는 식차마나니(式叉摩那尼, 正學女)가 있다. 이들 3종의 출가자를 포함해서 교단의 구성원을 7중으로 헤아리기도 한다. 불교에서는 출가자 집단을 승가(僧家, samgha)라고 한다. 이자랑·이필원, 『도표로 읽는 불교입문』(서울: 민족사, 2017) p. 106 참고.